LES
TROIS ÉPOQUES,

OU

L'Amour considéré dans la société, et hors de la société ; c'est-à-dire en lui-même, et quant à sa naissance, et quant à ses développemens, et quant à ses jouissances.

PAR MONSIEUR BARBIER.

Imprimée par G. É. J. M. A. L.

AN VIII (1799.)

PREMIÈRE ÉPOQUE.

A

MONSIEUR.....

JE me suis fait , Monsieur, une habitude de ne
vous rien cacher de mes opinions particulières ;
vous les avez vu naître, se développer et quelquefois se démentir. Si depuis quelque temps j'ai in-
terrompu un commerce auquel j'ai toujours atta-
ché la plus grande satisfaction , c'est que ma tête
s'est ressentie d'un vuide affreux qui a régné au-
tour de moi : vous le dirai-je ? il y avoit des ins-
tans où la plupart de mes idées me paroissoient
prêtes à m'abandonner ; ce qu'il y a de certain,
c'est qu'en se repliant les unes sur les autres, elles me présentoient un cahos effrayant, que je
n'avois pas seulement le courage de débrouiller.
Aujourd'hui que l'agitation dans laquelle je suis
rentré s'est communiquée jusqu'à elle, et, qu'en se
ranimant elles m'offrent un fond, sinon plus riche,
du moins plus solide, ma confiance va reprendre
son cours et je vais vous faire part d'observations
dont l'objet quoique mille et mille fois discuté,

peut l'être encore avec intérêt. La longue expérien-
ce que vous avez de la société vous a sans doute
fait réfléchir sur sa naissance, ses progrès, ses va-
riations, son but : inconnue dans les Républiques
où l'on sait s'en passer, on ne la trouve que dans
les Monarchies qui l'adoptent comme un moyen
également propre a soulager le Monarque de ses
ennuis et les grands de leur servitude.

C'est un empire au milieu d'un empire, un théâtre sur un théâtre, l'on s'y rend attiré par l'oisive-
té et par l'attrait du plaisir, toujours plus ou moins
réel, a proportion qu'il est plus ou moins facile,
et il est l'un ou l'autre, suivant que l'amour en
ordonne. Mais qu'est-ce que l'Amour ? j'en appelle
à vous même ; fut-il jamais autre chose que le ré-
sultat des idées accréditées dans chaque siecle ?
suivez le dans tous les pays, dans tous les temps,
vous le verrez par-tout s'ennoblir, ou se dégrader
avec elles ; né de l'opinion, il en adopte servile-
ment toute la bizarrerie ; c'est elle qui le gouverne, et il nous gouverne a son tour.

Ce n'est pas qu'il ne se rencontre dans l'un et
l'autre sexe des individus, qui au lieu de plier a
ses caprices, lui opposent une sensibilité raison-
née, mais le nombre en est petit, sur-tout parmi
les femmes, auprès de qui, il est presque sûr d'être
bien accueilli sous quelque forme qu'il se présen-
te. C'est qu'il est tout pour elles, et qu'elles ne

(5)

seroient rien sans lui ; elles le prennent donc , si
j'ose me servir de cette expression commune , a
peu près comme elles le trouvent. Aussi le culte
aveugle et intéressé qu'elles s'empressent a lui rendre n'a t-il été , jusqu'a présent , qu'une véritable
profanation Je ne vois dans l'Histoire qu'un moment où l'amour les honore , avant et depuis cette brillante époque , il n'a fait que les compromet-
tre ou plutôt les avilir. A quels affreux excès ne
se sont-elles pas portées sous les Empereurs ! ne
les a-t-on pas vu s'indignant contre la nature qu'elles accusoient de foiblesse dans sa plus grande
énergie, se ménager des ressources jusque dans
l'impuissance de ces malheureux couverts d'un op-
probre qui devroit rejaillir sur leurs bourreaux.

Si ces abominations ont reparu dans nos cours
modernes , si elles les souillent encore , c'est que
l'honneur qui étoit si heureusement entré dans l'a-
mour avec l'esprit de la chevalerie , s'en est insensiblement séparé. Comment a-t-il pu y subsister
pendant des siècles ? car il est de fait qu'il s'y est
maintenu parmi nous jusqu'a la fin du règne de
Louis XIV , avec des traits , a la vérité, plus ou
moins marqués , mais qui s'effacèrent entièrement
sous la Régence. L'Amour alors fit consister son
honneur à n'en plus avoir Ce fut toute l'effronte-
rie du cynisme , joint au scandale de la plus infâme
prostitution.

Il n'a de nos jours ni le caractére de la débau-
che, parce que nous ne sommes pas même passion-
nés pour le plaisir, ni celui de la volupté, parce
que la volupté, telle du moins que je la conçois,
tient au sentiment, et l'on s'en moque. A propre-
ment parler, il n'est rien; mais ce qui est digne de
remarque, c'est la prétention que les femmes ont
affichée; elles savent que nous avons la ridicule
vanité de nous croire nécessaires a leur bonheur,
et elles ont voulu nous prouver qu'il en étoit très-
indépendant; elles ont donc feint de marcher sous
leur propre banière.

Qu'est-il arrivé de ce projet vraisemblablement
peu réfléchi, que honteuses de l'avoir conçu, elles
se sont rapprochées de nous avec l'intention pru-
dente de mettre à profit les complaisances qu'elles
vouloient bien nous continuer. Il n'y a ni plus de
choix, ni plus de délicatesse dans leurs intrigues;
mais l'on y remarque une politique qui, considé-
rée sous un certain point de vue, peut faire honneur à leur raison. Autrefois en sortant de leurs
chaînes, on sortoit pour jamais de leur souvenir.

Maintenant l'amant qui les quitte ou qu'elles ces-
sent de favoriser, devient sinon un ami, du moins
un défenseur qu'elles se ménagent; en sorte qu'on
pourroit compter aujourd'hui les amans d'une femme, par le nombre de ceux qui lui rendent des
soins.

Voilà , M. où nous en sommes du côté du plus doux des penchans , en quoi il consiste et de quelle manière on le dirige , on se trahit sans s'offenser ; l'on s'offence sans s'en vouloir ; personne ne se hait , personne ne s'aime ; cependant l'on se recherche avec empressement , ou plutôt l'on se poursuit avec fureur , et l'on a d'autant plus de choses à se dire , qu'on ne pense et qu'on ne sent rien , au fond , de part et d'autre , l'on se fait pitié ; mais il s'agit d'échapper à l'ennui , et quel meilleur moyen que de se jeter à corps perdu dans des mouvemens qui donnent au moins pour quelque temps de la réalité à leur objet : car tel est le caractère de ce siècle , que les choses manquent aux personnes , et les personnes aux choses.

Il résulte de ce que je viens de dire que nous sommes d'autant plus pervertis , que nous sommes plus enervés, et vous voyez bien qu'on ne manque pas de s'en prendre aux femmes ainsi qu'on l'a toujours fait, et c'est à tort ; peut-être peu-ton leur reprocher d'outrer ce qui est établi ; mais elles n'ont jamais rien établi , et le bien et le mal , tout vient des hommes. C'est leur main forte qui façonne le fer , et c'est de leur imagination continuellement agitée que s'échappe le peu de lumière qui se répand sur un siècle.

Sans cesse aux prises avec les événemens , liés par une infinité de rapports avec la chose publique , c'est par là qu'ils s'instruisent et s'éclairent ; les femmes n'ont pas ce double moyen d'arriver aux connoissances , aussi ne les voit-on à la tête ni d'aucun art , ni d'aucune sience , ni d'aucune découverte , et elles ne s'en piquent pas : je doute même que dans la supériorité que quelques Écrivains ont donné à leur sèxe sur le nôtre , elles voyent autre chose que la plate exagération d'une froide galanterie.

Sans vouloir pénétrer ce qu'elles pensent sur cette grande question , puisque c'est un secret qu'elles se gardent, et qui vraisemblablement ne leur échappera point ; je me contenterois de dire que je les crois aussi modestes sur ce chapitre, que nous sommes malignement prévenus contre elles à tous égards.

Que de contradictions ne sont-elles pas en droit de nous reprocher ! nous sommes sans cesse occupés à leur inspirer le goût des plaisirs, et nous poussons l'extravagante injustice jusqu'à leur en faire un crime, sans songer qu'il faudroit qu'elles l'affectassent quand même elles ne l'auroient pas , puisque c'est le seul lien qu'il nous plaît d'établir entre elles et nous , je dis le seul , car il n'est malheureusement que trop vrai que nous ne savons ni les estimer , ni les plaindre.

Pouvons-nous , cependant , nous dissimuler que la nature leur a prodigué les maux , et que si elle

y a

y a mêlé les grâces , c'est pour nous disposer aux
complaisances respectueuses , aux égards tendres ,
aux attentions touchantes ; mais que nous en sommes loin !

Quand je réfléchis à l'odieuse indignité de nos
procédés avec elles , je ne sais ce qu'elles doivent
le plus souhaiter , de notre indifférence , ou de notre amour. Deviennent-elles l'objet de notre affec-
tion , elles ne tardent pas à l'être de nos mépris.
Qui pourroit se l'imaginer , nous insultons à leur
froideur , et nous n'y croyons pas malgré nos
plaintes ridicules et nos folles plaisanteries là-des-
sus : le fait est, qu'elles se douteroient à peine
qu'elles ont des sens , si nous n'avions l'art détestable de les en faire appercevoir.

Qu'on les juge sans partialité , leurs desirs naturellement foibles et timides osent à peine prendre
l'essor , tandis que les nôtres aussi brûlans qu'im-
pétueux , connoissent si peu de frein , que si des
considérations de toutes espèces ne nous arrê-
toient peut-être , et il n'y en a que trop d'exem-
ples , des traitemens barbares précéderoient la vio-
lence que nous sommes toujours prêts à leur faire ,
et j'ose dire que nous leur faisons , alors même
que nous en paroissons le plus éloignés,

S'il n'y a d'homme vraiment digne d'elles , que
celui qui les honore assez pour les éclairer ; je le
demande , où cet homme se trouve-t-il ? Non ce

n'est jamais à leur sentiment, c'est au contraire
presque toujours à notre supériorité, ou pour parler plus juste, à nos atroces perfidies qu'elles ont af-
faire; eh, qu'il est rare qu'elles n'en soient la victime!
Je le répète, nous ne cherchons qu'à les séduire,
tandis qu'elles ne songent qu'à nous aimer. Eh, quel
amour que celui qui prend sa source dans la reconnoissance! Il est donc vrai qu'elles se croyent rede-
vables envers nous des tendres émotions qu'elles
nous causent. Oui, c'est là leur véritable triomphe.
C'est au moment qu'elles nous troublent, qu'elles
commencent à s'appartenir, ou plutôt à exister; et
cette existence qui les enchante, cette existence qui
leur paroît un prodige qu'elles nous attribuent,
j'ose le dire, elles se croioient trop heureuses de
pouvoir à chaque instant nous la sacrifier.

O que de charmes elles répandroient sur notre
vie, si nous voulions leur en laisser diriger le pai-
sible cours! naturellement amies de la paix, elles
le sont de la solitude; elles la cherchent et s'y plai-
sent; qui nous empêche d'en partager avec elles
les douceurs? pourquoi ne pas nous prêter à ce
goût innocent que la nature prévoyante leur donne? que ne sommes-nous a cet égard aussi sages
que la plupart des Gouvernemens?

J'ai tort de dire la plupart; il n'y en pas un seu
sur la terre qui ne se soit imposé la loi de se prive
de leurs talens, par respect pour les fonctions aux

quelles elles sont destinées : tous croiroient com-
mettre un sacrilège, s'ils mêloient rien d'étranger
à ce caractère d'épouse et de mère qui fait tout à la
fois leur gloire et notre reconnoissance.

Si l'obscurité de la retraite si favorable à l'inno-
cence, les met hors de toute atteinte, à combien
d'affronts et de périls ne sont-elles pas exposées
dans la société ? Ah ! qu'elles fuyent cette région du
tumulte et du mensonge ; elle ne pourroit que leur
être funeste : si leur esprit s'y polit, leur âme ne
tarde pas à s'y corrompre : on diroit que la conta-
gion qui y règne se répand jusque sur leurs traits,
ils contractent je ne sais quelle rudesse qui fait
qu'on cherche, pour ainsi dire, leur sexe dans leur
personne, tant on a peine à le reconnoître, tant les
traces en sont foibles, et presqu'entiérement effa-
cées par cette aisance de mœurs qui est la marque la
plus certaine qu'elles n'existent plus. C'est ce qui
faisoit dire ces jours passés à une personne, aussi
chère à son sexe qu'honorée du nôtre, que dans les
pays, où ce qu'on appelle le monde impose la triste
nécessité de le visiter de temps en temps, il n'y avoit
pour les femmes qu'un seul moyen de s'y rendre
intéressantes, c'étoit, vu la malheureuse impuissance où elles sont de faire le bien, de s'attacher à en
inspirer l'amour, qu'alors la société suppléeroit à l'im-
perfection du Gouvernement, et deviendroit une
source précieuse d'où sortiroient et des hommes

qui seroient citoyens et des citoyens qui seroient des hommes.

Ces réflexions annoncent autant de justesse que d'étendue dans l'esprit : elles sont d'une femme qui eut des liens et qui a cessé d'en avoir, sans mari puisqu'elle l'a perdu, sans enfans puisqu'il ne lui en a pas laissés, elle n'appartient qu'à elle seule, c'est-à-dire, à sa raison qu'elle cultive sans orgueil et sans bruit.

De toutes les femmes que j'ai connues elle est la seule que j'aie vue parfaitement oublier son sexe, mais cet oubli qui la rend en quelque sorte étrangère à ses charmes, n'en détruit pas l'effet quoique perdu pour sa vanité ; il n'en est pas moins vrai qu'ils agissent vivement sur nos sens, et y excitent de fortes émotions, qu'apparamment elle a le secret de calmer, car on n'a ni à se plaindre de leur importunité, ni à se défendre contre leur imprudence.

Si l'amitié entre un homme et une femme pouvoit se renfermer dans ses propres limites, c'est sans doute avec elle que le prodige pourroit avoir lieu. J'ai la satisfaction de la voir souvent, et je puis me rendre ce doux témoignage de l'honorer sans la craindre et sans me redouter.

SECONDE ÉPOQUE.

Vous vous rappelez, Monsieur cette jeune et jolie personne qu'autrefois nous voyons dans une maison où vous continuez d'a ler et où je ne vais plus. Avec quel enthousiasme son amie, qui est la vôtre, exaltoit sa figure ! il n'y a rien de comparable aux éloges qu'elle en faisoit, et auxquels vous souscriviez avec tout le monde, si ce n'est le dépit de ne pas me les voir adopter ; quoique je sentisse à merveille jusqu'à quel point mon silence la con. trarioit, je le garderois encore, si elle ne m'eût obligé à le rompre Je lui dis donc, forcé de céder à ses agaceries inquiètes, que je ne pouvois nier que sa favorite n'eût de la beauté, mais que c'étoit de ces beautés qui faisoient peu d'impression ; ce que j'attribuois à son caractère que je croyois aussi froid que son cœur et son esprit ; d'où j'avois conclu qu'elle n'étoit appelée ni à connoître le plaisir, ni à l'inspirer : j'entendois par ce mot plaisir, celui qui finit à peine pour les sens, qu'il renaît pour l'imagination : or ce plaisir là n'est pas plus du ressort des belles que des jolies personnes ; c'est une prérogative uniquement attachée aux âmes ai-

mantes; il n'est donné qu'à elles d'en faire éprou-
ver les douceurs. Les âmes de cette trempe sont
rares ; c'est un grand bonheur d'en rencontrer à
qui la nature ait départi un don si précieux : la femme aimable dont je vous ai parlé dans ma dernière
lettre l'a par excellence ; il ne faut que l'appercevoir un instant pour en être convaincu.

Je voudrois vous parler de sa figure ; j'y suis d'autant plus embarrassé qu'elle n'a que celle du moment : il semble que ses traits soient aux gages de
son cœur ; ils prennent toujours la forme du sentiment qui la domine ; est-elle agitée par la compassion ? vous croyez voir la compassion elle-même ;
en deux mots, sa phisionomie est celle de ses af-
fections ; aussi ai-je bien plus de connoissance de
son âme que de son visage. Je dois pourtant vous
dire qu'il est orné de deux grands yeux où règne
une langueur pleine de feu et d'une bouche qui
n'est ni grande ni petite, mais dont le sourire plein
de finesse et d'esprit forme un spectacle ravissant.

Ce qui l'élève infiniment au-dessus de son sexe,
c'est qu'on ne sauroit la voir sans desirer de deve-
nir meilleur ; il y a plus, on le devient en effet. Je
ne sais quelle force mêlée de douceur son commerce communique; mais pour peu qu'on la fré-
quente, l'âme se ferme à la haine et au mépris,
pour ne plus s'ouvrir qu'à l'indulgence et à la pitié.
Cet admirable pouvoir qu'elle exerce sur les esprits

et auquel il est impossible de résister, m'étonne
quelquefois au point, que je suis tenté de la regar-
der comme un être céleste; aussi le sentiment que
j'ai pour elle tient-il de l'adoration : jamais, non
jamais le moindre desir n'a souillé l'hommage pur
que lui rend mon cœur, et je ne m'en fais pas un
mérite ! c'est l'effet d'un charme que je ne puis
comprendre; il est tel que son sexe disparoît à mes
yeux. Je n'y songe pas plus qu'elle n'y songe elle-
même; enfin je ne pense, je ne sens, je n'existe
que par elle. Non, rien n'est comparable au plaisir que j'éprouve : si l'amour avoit de pareilles douceurs, il faudroit l'adorer; mais vous le savez, ce
n'est pas avec lui qu'on trouve le bonheur ; il ne
se plaît au contraire qu'à le troubler. Heureusement
je n'ai point à le redouter avec la personne dont il
s'agit ; il n'oseroit en approcher, et cela seul me
met à couvert de ses perfides atteintes : il faudroit
pour qu'il pût s'établir entre elle et moi, que j'ou-
bliasse qu'elle est un ange et ce que je suis moi-
même ; ou pour parler d'une autre manière, que
je cessasse de l'honorer et de m'estimer ; l'un et l'autre sont impossibles.

Je reçois dans le moment un exprès de sa part;
elle me prie de passer chez elle; il s'agit de quel.
que instruction qu'elle est bien aise de me donner
sur un objet dont elle m'abandonne le soin jusqu'à
son retour. Vous jugez du plaisir que me fait cette

marque de sa confiance et de mon empressement à y répondre.

Il me rappelle qu'autrefois il avoit été question de ce voyage ; il ne paroissoit plus nécessaire, apparemment il l'est devenu. L'on peut s'en rapporter sur cela, comme sur toute autre chose, à son admirable sagesse. Vous voyez avec quelle facilité je prends mon parti sur cet événement : c'est qu'au fond il ne m'enlève rien ; quoique absente, je suis sûr de la retrouver dans mon cœur, et cela me suffit. . . . . .

Je me trompois, Monsieur, quand j'ai cru que son idée me tiendroit lieu de sa personne ; mes yeux et mes oreilles accoutumés à la voir, à l'entendre, voudroient la voir et l'entendre encore, et ils la redemandent sans cesse depuis qu'elle a disparu, il me semble qu'ils me soyent devenus inutiles, ils se refusent constamment à la plupart des impressions. D'après des symptômes aussi graves, il ne tiendroit qu'à moi de me croire amoureux : je ne sais pas comment on le devient, mais je sais qu'on se le fait, il ne s'agit pour cela que d'en convenir avec soi-même, ce qui arrive lorsqu'on est foible ou qu'on n'est pas retenu par la crainte de blesser son objet et je n'ai aucun de ces deux reproches à me faire : au surplus cet état de distraction inquiète de mécontentement, de déplaisir, ne m'est pas nouveau, je m'en plaignois avant que je

le

le connusse. Il se peut que son absence y ajoute
une nouvelle amertume ; en effet elle me pèse d'u-
manière cruelle. En dernier lieu mes ennuis m'é-
toient devenus si insupportables que dans l'idée de
les adoucir, je faillis céder à la tentation de l'aller
trouver : c'eût été une grande imprudence : heureusement la réflexion est venue rompre ce projet.

Ah, l'on ne sauroit trop veiller sur ses démar-
ches ! ce n'est pas le plus souvent notre cœur, ce
sont nos propres actions qui nous passionnent,
rien de plus fâcheux que de s'en permettre d'une
certaine espèce ; elles portent dans l'imagination
un désordre qui fait qu'on ne se connoît plus, et
qu'on attribue a l'amour des extravagances, où il
n'entre pour rien.

Je ne sais pas si je me garantirai de ses pièges,
mais je me sauverai certainement de l'humiliation
et des périls qu'entraînent des confidences qui
n'ont lieu que par notre lâcheté ; quoiqu'on dise de
l'Amour, je ne le crois redoutable que par les
aveux qu'il nous arrache, et selon moi c'est le
désarmer que de se les interdire.

Je ne vous ai point dit que j'avois été passer quelque temps à la campagne ; il y a près de trois semai-
nes que j'en suis de retour ; je voulois y continuer ma lettre, j'en ai été détourné par des considérations tirées du changement brusque et inat-
tendu qui s'est fait dans mon intérieur. En atten-

dant qu'il se développe sous ma plume, vous sau-
réz que cette jolie habitation que j'avois choisie
pour retraite a été honorée de la présence d'une Divinité ; vous devinez qui je veux dire.

Elle y a paru comme un de ces phénomènes bril-
lans qu'on ne se lasse point d'admirer ! ce qui l'a-
voit si heureusement amenée parmis nous, c'est la
circonstances d'une amie à qui elle venoit deman-
der une lettre essentielle a la conduite de ses af-
faires.

Dans le quart d'heure de promenade que j'ai faite
avec elle, ma joie n'a éclaté qu'à demi ; elle étoit
étouffée par une émotion que je n'avois déjà que
trop éprouvée et à laquelle sa présence donnoit de
nouvelle force : mon saisissement en la voyant, et
après l'avoir quittée, étoit inexprimable ; il n'a fait
qu'augmenter depuis.

Quelle différence entre l'impression qu'elle me
faisoit dans les premiers jours de son absence, et
celle qu'elle me fait actuellement ! autrefois son souvenir m'affligeoit sans me troubler, maintenant il
m'est non-seulement pénible, mais douloureux :
son idée agit si fortement sur moi, que je la prends
pour sa personne ; il me semble qu'elle est assise à
mes côtés, que je lui parle, que je la touche ; je ne
sais plus en quel endroit de moi-même me refu-
gier pour me sauver d'elle : mon cœur, mon imagination, mes sens lui sont également asservis ; elle

est devenue la plus impérieuse de toutes mes pensées, le plus ardent de mes sentimens, le plus vio-
lent de mes desirs : oui, de mes desirs ! et je lui
fais cet affront, et j'oserois après cette indignité
me montrer à ses yeux ! et pourquoi craindrois-je
de m'y offrir ? ne sais-je pas que je ne l'aurai pas
plutôt apperçue, que je n'aurai plus à me combat-
tre, ni à me redouter. Si mon imagination s'est
égarée, si mes sens se sont troublés, c'est qu'ils ont
profité de la foiblesse où m'a mis son absence ; un
seul de ses regards me rendra mon repos et ma
vertu.

Eh comment en pourrois-je douter ? je ne me
connois déjà plus. Quel heureux changement !
quelle heureuse nouvelle ! félicitez-moi, Monsieur,
sous quelques jours, la plus célèbre des Villes pos-
sédera la plus parfaite créature qui existe : demain
ou tout au plus tard après, j'aurai le bonheur de
la voir et je me flatte que j'en saurai jouir.

Elle est arrivée d'hier ; ma confiance ne m'a point
trompée ; sa présence a produit l'effet que j'en at-
tendois ; je la quitte aussi content de moi qu'en-
chanté d'elle : je savois déjà les prodiges de son
voyage : l'objet présentoit une multitude de diffi-
cultés, elle les a toutes applanies par sa sagesse ;
tout a plié sous le joug de la vérité et de la persua-
sion ; chose inouie ! l'on croyoit, en lui cédant,
remporter une victoire : que vous dirai-je enfin ?

elle est devenue l'idole de ceux-mêmes qu'elle a
été forcée de dépouiller. Elle m'a parlé de son ap-
parition au Château de * * * ; elle a cu voir dans
mes traits des marques d'altération qui l'ont inquié-
tée ; je ne sais quel charme régnoit dans ses dis-
cours , mais à chaque mot qui sortoit de sa bouche , il me sembloit qu'un souffle bienfaisant ra-
fraîchissoit mon sein : insensiblement l'équilibre se
rétablit dans mes facultés : son image est venue reprendre dans mon cœur son ancienne pureté. O ,
qu'il est doux d'échapper a l'empire de ses sens !
L'infortuné qu'on tire de son cachot pour le rendre à la clarté du jour , n'a pas de plaisir plus vif
que ceux que j'éprouve en ce moment.

Cet heureux état continue et continuera sans
doute ; cependant depuis que je commence à y
réfléchir ; il me semble qu'il y manque quelque
chose , quoique ma satisfaction soit pour ainsi dire au comble , un instinct secret me dit qu'elle
pourroit être plus parfaite et qu'elle le seroit ef-
fectivement , si je pouvois en révéler la cause à
celle qui en est l'objet. Eh , pourquoi mon âme ne
s'ouvriroit-elle pas en sa présence ! par où mon
amour pourroit-il l'offenser ? en est il un pareil sur
la terre ?

Ah , je veux qu'elle sache jusqu'où va cette ten-
dre et respectueuse ardeur qu'elle m'a inspiré ! sup-
posé , comme je le crois , qu'elle ignore ce qu'elle

vaut, elle l'apprendra dans mes sentimens pour elle ; sa gloire, ma reconnoissance, mon repos, mon
bonheur, sont également intéressés à cet aveu :
qu'il me sera doux de le faire! qu'il soulagera mon
cœur! d'où vient donc qu'il l'oppresse? que peut-
il avoir de si terrible ? je l'ignore ; mais enfin plus
j'y pense, plus il me paroît redoutable, et je doute
que ma bouche le prononce.....

C'en est fait, Monsieur, il vient de m'échapper;
mais avant que de quitter mes lèvres pâles et trem-
blantes, que n'ai je pas souffert et quelle agitation
n'a pas éprouvée la personne à qui il s'adressoit!
m'appercevant qu'elle partageoit mon trouble et
ma terreur. Mon amour, ai-je repris, après un moment de silence, vient de franchir les bornes que
je lui avois prescrites ; mais, Madame, qu'il vous
rassure, il est aussi pur et aussi innocent que vous-
même.

J'avois à peine proféré ce peu de paroles, qu'u-
ne extrême rougeur a couvert son visage ; tour-
nant ensuite les yeux sur moi : Ah! Monsieur s'est-
elle écriée avec un ton qui marquoit une véritable
douleur, que venez-vous de m'apprendre, et quelle effrayante perspective vous me faites entrevoir!
quoique vous me disiez de votre amour, n'en dou-
tez point, il vous trompe : ce n'est plus à ces ver-
tueuses délicatesses, c'est à ces misérables espérances que vous appartenez, et j'en suis le déplora-

ble objet ; il n'y a qu'un moment ma sécurité étoit parfaite, vous venez de la détruire.

J'allois lui répondre ; malheureusement on est venu lui apporter une lettre : cette lettre demandant, à ce qu'elle m'a dit, une discussion aussi prompte que sérieuse ; je me suis retiré, l'esprit agité de mille pensées dont le choc tumultueux et rapide me composoit une des plus cruelles situations que j'aie éprouvées de ma vie.

Plus je faisois réflexion à ce qui venoit de m'arriver, plus je sentois s'augmenter ma surprise et mon trouble ; je me croyois précipité dans un labyrinthe sans issue ; comment en sortir, comment justifier une témérité qui me paroissoit inexcusable à tous égards ? je ne pouvois la réparer qu'en m'y renfermant ; la sagesse me le suggeroit, mais la passion m'entraînant et la honte faisant place à l'audace, je ne connus plus d'autre expédient, d'autre loi, d'autre honneur que de tyranniser des volontés que je voulois forcer à se découvrir ; dussent-elles m'annoncer le sort le plus affreux.

Que de scènes terribles ! je ne vous les décrirai pas ; il suffira de savoir qu'après des obstacles sans nombre, des tourmens incroyables, mon amour est parvenu à s'éclairer : que les clartés qu'il a obtenues ont passé mes espérances, et que si ma joie ne s'est pas montrée, dans toute son étendue, aux yeux de l'étonnante personne qui venoit de m'en donner un si juste sujet, c'est que je craignois par là d'augmenter sa douloureuse confusion.

Jamais il n'y eut de regrets plus amers, plus touchans que les siens; jamais cependant je ne fus moins attendri; tant il est vrai que l'affreux amour des voluptés nous rend féroces; comment a-t-il pu se glisser si subtilement dans mon cœur? le respect y est encore, il me parle pour elle; mais je n'ai plus de plaisir a l'écouter.

Je vais bien vous étonner davantage; depuis qu'elle m'a dit qu'elle m'aimoit, je me figure, jugez par là de l'excès de mon amour propre, qu'elle n'est plus en droit de me rien disputer, et que si je n'ai rien obtenu jusqu'à présent, c'est moins à sa sagesse qu'à ma générosité qu'elle en a l'obligation. Je m'indigne contre ces idées; vous jugez, si elle venoit a les pénétrer, de son mépris pour moi. Au reste, Monsieur, soyez tranquille, soit que j'obéisse à leur détestable impulsion, soit que je leur résiste, elles n'entraîneront point la perte de sa vertu, mais elles causent et causeront mon tourment.

TROISIÈME ÉPOQUE.

QUe de jours, Monsieur, se sont écoulés depuis que je ne vous ai écrit, la moitié de ce temps
n'a été qu'un état de convulsion continuel : jamais
je n'ai tant souffert, jamais je ne me suis plus dé-
testé. Quant à l'époque qui a suivi celle dont je vous
parle, qu'aurois-je pu vous en dire ? je ne savois
moi même qu'en penser : comment ai-je pu, je ne
ne dis pas seulement risquer, mais renouveller
des tentatives où mon amour étoit si peu d'accord
avec mon respect ? que pouvois-je m'en promet-
tre ? ne connoissois-je pas la personne contre qui
je dirigeois mes criminelles attaques ? quoi de plus
injurieux pour elle, de plus dangereux pour moi,
et de moins vraisemblable en même-temps que l'oubli où je voulois l'amour ?

Tout dans cet évènement a été prodige, et mon
audace, et mes succès, et mon ivresse. Figurez-
vous qu'au comble des délices, je me croyois
trompé par mes sens, au point que ma vanité n'a
pas même osé partager leur triomphe : dans une
situation aussi nouvelle pour moi j'aurois pu être in-
fidéle, mais il m'eût été impossible d'être indiscret.

Cet

Cet état qui . par le plus inconcevable prestige , isoloit mes plaisirs de manière qu'ils ne communiquoient pour ainsi dire qu'avec eux-mêmes , ne pouvoit pas être de longue durée ; insensiblement leurs traces se sont fortifiées ; ma mémoire les a transmises à mes réflexions : ce n'est donc plus un problème pour moi, que les progrès qu'a fait mon amour ; mais c'en est un de savoir s'ils tourneront à mon avantage ou à son préjudice. Pour qu'il pût s'applaudir de sa prétendue victoire, il faudroit que celle qui se reprochera peut-être éternellement d'en avoir été l'objet, n'y eût rien perdu ; et c'est ce dont je ne saurois convenir : ce n'est pas qu'elle ne me soit aussi chère que jamais ; elle a sur mon cœur le même empire, mais qu'est devenu celui qu'elle exerçoit sur mon imagination, lorsque toutes mes facultés éblouies de toutes ses perfections, se réunissoient pour lui rendre hommage ? Dans ces heureux momens je ne l'abordois qu'avec ce trouble involontaire qu'on éprouve en présence de la Divinité : c'étoit le frémissement de l'adoration ; ce n'est plus aujourd'hui que celui de la volupté : il me semble que mes sens sont plus émus . que mon cœur n'est attendri : vous le dirai-je enfin . et pourquoi vous le cacher ? elle étoit dans mon esprit au-dessus de toutes les femmes, elle n'en est plus que la première.

Ah ! cette prééminence que je lui donne et qui

lui est due à tant de titre, elle peut être bien sûre
que je ne la lui ravirai jamais : eh ! qui pourroit
la lui disputer ? ne possède-t-elle pas toutes les
vertus ? il n'y a pas long-temps encore elles faisoient mon plus délicieux entretien ; avec quel ra-
vissement je les contemplois ! mon amour s'en oc-
cupoit sans cesse : quel changement, ou plutôt
quelle amertume dans mon cœur ! depuis qu'elles
ne lui offrent plus celle dont elles empruntent leur
principal éclat et leur force ; et qui peut m'assurer
que sa ruine, que je ne peux attribuer qu'à mes
coupables efforts, n'entraînera pas celle de toutes ?

Ah, loin de moi cette idée qui lui fait injure !
une femme comme elle ne peut avoir qu'une foiblesse. Ce n'est point son avilissement que je dois
craindre, ce sont les reproches dont peut-être elle
s'accable et qu'elle me cache, peut-être hélas, ne
s'estime-t-elle plus, peut être même elle se hait !

Voilà donc les fruits de mon attachement pour
elle ! je lui aurai enlevé le bien le plus précieux
de la vie, comment l'en remettre en possession,
ah ! combien de fois ne me suis-je pas promis de ne
plus fatiguer ses complaisances ; ne m'a-t-elle pas
vu pour me dérober au regret de les obtenir, prendre la ferme résolution de ne plus les implorer ?

Il n'y aura plus lui disois-je à l'avenir, que nos
cœurs entre vous et moi ; que de promesses de res-
pecter désormais sa vertu, et de combien de lar-

mes n'ont-elles pas été scéllées ! mais où ces inspi-
rations généreuses, ces transports vertueux, cet at-
tendrissement si vrai, m'ont conduit ? je le dis à
ma confusion, à l'oubli de mes sermens, oubli qui
m'a replongé dans des remords que de nouveaux
plaisirs m'ont rendu après me les avoir fait perdre :
ainsi passant tour à tour de l'égarement au repentir, du repentir à l'égarement, je ne jouis ni de
l'un ni de l'autre.

Non je ne goûte point une satisfaction pure,
au contraire mille idées chagrinantes la troublent :
cependant j'aime, et je suis aimé ; que faut il de
plus ? mon bonheur a dépendu de moi ; j'en ai
joui long-temps ; j'en jouirois encore sans mon
indigne lâcheté : pourquoi lui ai je associé de vains
plaisirs ? s'ils ne l'ont pas détruit, ils l'ont bien em-
poisonné : mais est-ce donc un effort si pénible
que de renoncer à des habitudes qu'on condamne
et qu'on se reproche ? et pourquoi me les reprocher ? qu'ont elles de si criminel ? par où suis je
coupable envers l'amour ? qu'ai-je fait que de céder à ses impulsions ? n'a t-il pas allumé mes desirs ? pourquoi donc vouloir que je les immole ? et
que seroit-il sans eux, ou plutôt que sont-ils et que
peuvent ils être autre chose que lui-même ? Il faut
pourtant bien qu'ils diffèrent, car il n'est que trop
vrai qu'ils ne peuvent subsister ensemble et qu'ils
s'excluent mutuellement. Ah ! n'en doutons point,

jaloux de toutes nos facultés , notre cœur ne veut partager l'empire avec aucune, et si transfuge de ses lois, nous passons sous leur domination , il se venge tôt ou tard de cette infidélité par des ennuis cuisans ou des remords cruels.

Étrange condition de la vie humaine! nous ne pouvons rien nous défendre , nous ne pouvons rien nous permettre : faut-il donc pour être heureux, se tenir suspendu entre l'existence et le néant. O vous, que j'aime cent fois plus que moi-même! vous, à qui je dois un amour qui m'honore! et je ne sais quel désir qui m'emporte et qui vous blesse ; que n'a-je pas fait pour les séparer ? mais le puis-je? ignorez-vous donc ce que vous êtes devenue pour moi? ce que m'est l'air que vous respirez , la moindre de vos paroles, le plus imperceptible de vos mouvemens! quoi votre nom seul fait tressaillir mes sens d'amour et de volupté et vous voulez.....

Mais sais-je ce qu'elle veut, ce qu'elle se propose, ce qu'elle médite, qu'entend-elle par ce mur dont elle me parloit hier, et qu'il faudroit, disoit-elle, se hâter de mettre entre nous? ah, peut-être s'élève-t-il déjà! peut-être bientôt privé de sa vue.. Je me trouble, Monsieur, à cette affreuse idée: la plume me tombe des mains Si le malheur qu'un noir pressentiment m'annonce, m'arrivoit, vous ne l'apprendriez que par mon désespoir.

F I N

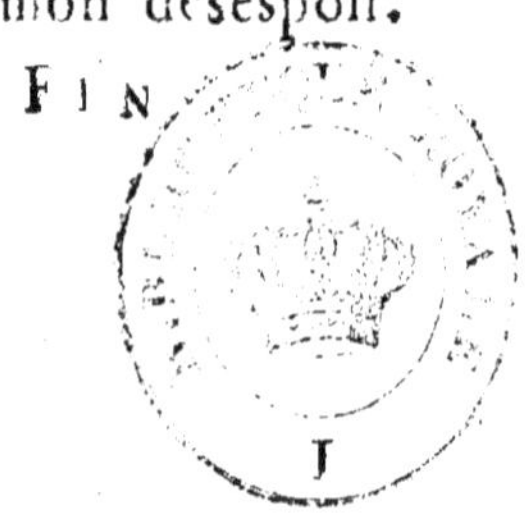